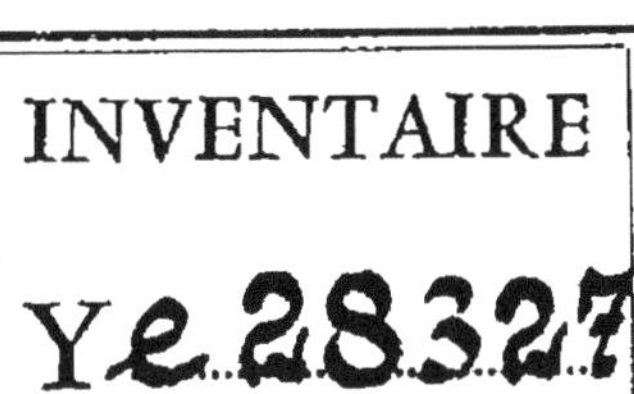

LES MUSES SANS-CULOTTIDES,

OU LE PARNASSE DES RÉPUBLICAINS,

CONTENANT les meilleures Odes, Chansons, & pieces de Vers de différens genres, produites par la Révolution Française. — Principalement celles qui ont paru depuis la Constitution Républicaine de 1793.

Et un Extrait des ACTIONS héroïques & civiques des Républicains Français.

XVᵉ. CAHIER. — Fin du 1ᵉʳ. volume,

Prix, 10 sols., broché.

À GRENOBLE, chez FALCON, & chez Vᵉ. GIROUD & Fils, libraires.

(Et chez les libraires des départements voisins,

En IIᵉ de la République Française, une, indivisible & démocratique.

☞ *Le préſent ou XVe. cahier termine le premier volume de cette collection. Le cahier ſuivant ſera intitulé : Ier. cahier, IIe. volume, & ainſi des autres.* — *Il ne paroîtra plus que deux cahiers par mois, ou trois tous les deux mois, vu que la collection ne contiendra preſque, dorénavant, que des morceaux nouveaux. L'extrait ou choix des Actions héroïques & civiques ſera continué.* — *Il ſera fait inceſſamment une table générale, ou répertoire ſuivi, de toutes les pieces ou articles contenus dans les quinze premiers cahiers, (ou Ier. volume) ; elle ſera fournie gratis à ceux qui ont acheté tous les cahiers, & précédée d'un frontiſpice général. En faiſant brocher ou relier enſemble les quinze cahiers, avec ladite table en tête, on conſervera beaucoup mieux la collection ; elle ſera d'ailleurs portative en entier, pour ſervir dans les temples, dans les fêtes, & trouver plus facilement les pieces ou les divers articles.* — *Le prix des quinze cahiers ainſi réunis (ou du Ier. vol.), ſera de 5 liv. 10 ſols, broché. Celui de chaque cahier broché ſéparément, continuera d'être de 10 ſols.* — *On trouvera ledit volume aux mêmes adreſſes que les cahiers.*

☞ Le préſent ou XVe. cahier contient une belle *Invocation à la Liberté*, en proſe poëtique, par le Cit. *Français*, adminiſtrateur du Département de l'Iſere. (Voy. pag. 529).

LES MUSES
SANS - CULOTTIDES,
OU
LE PARNASSE
DES RÉPUBLICAINS.

N°. 199. — COUPLETS PATRIOTIQUES, *chantés à l'Opéra national, par Chéron, le 12 Meſſidor, en réjouiſſance de la Victoire ſignalée, remportée le 8 à Fleurus.*

Air : *Allons, enfans de la patrie.*

CONTRE nous, des rois en délire,
En vain l'étendard fut levé ;
Par-tout le deſpotiſme expire,
Et notre pays eſt ſauvé !   bis.
Vils ennemis, tyrans perfides,
Tous vos efforts ſont ſuperflus ;
Nous avons, aux champs de Fleurus,
Puni vos complots homicides.
Aux armes, citoyens ! ne nous repoſons pas !
      Marchons, marchons,
Préparons-nous à de nouveaux combats !

Sur la cîme des Pyrénées
Nous avons vengé nos revers ;
Déjà nos armes fortunées
Ont triomphé sur les deux mers : *bis.*
Du Nord la cohorte sauvage,
Les Anglais, lâches assassins,
Et les Vandales, les Germains,
Ont éprouvé notre courage.
Aux armes, citoyens ! ne nous reposons pas !
Marchons, marchons,
Préparons-nous à de nouveaux combats !

Remplis d'une mâle assurance,
Marchons en vrais républicains ;
Songeons que du sort de la France
Dépend le destin des humains.   *bis.*
En vain, contre nos lois sublimes,
Tous les rois sont coalisés ;
Bientôt, sur leurs trônes brisés,
Les Peuples puniront leurs crimes.
Aux armes, citoyens ! ne nous reposons pas !
Marchons, marchons,
Préparons-nous à de nouveaux combats !

Par FABRE-OLIVET.

N°. 200. — COUPLETS *sur la Victoire
des Républicains Français à Fleurus,
chantés au théâtre de la Cité-Variétés.*

Air *des Montagnards.*

Sonnons la trompette guerriere ;
Brisons nos foibles chalumeaux ;
Il faut, d'une voix mâle & fiere ;

Célébrer nos dignes Héros.
Quand le laurier de la victoire
Orne par-tout nos étendards,
Tout Français doit chanter la gloire
De nos belliqueux Montagnards.

Du Danube & de la Tamise
Les habitants dégénérés,
Vainement servent l'entreprise
De vingt despotes conjurés.
Esclaves vendus à la honte,
Voyez vos bataillons épars :
A frapper la foudre est moins prompte
Que le bras de nos Montagnards.

CHARLEROI, déjà tes murailles
S'ébranlent, tombent sous nos coups.
Cobourg croit, au sein des batailles,
Mieux réussir en son courroux :
A Fleurus, ses troupes d'élite
Se rassemblent de toutes parts ;
La mort vole, on se précipite....,
La victoire est aux Montagnards.

TELLE une vague mugissante
Contre le roc vient se briser ;
Telle votre rage impuissante,
Tyrans, se borne à menacer.
La Liberté nous sert de guide ;
Et pour mieux fixer les hasards,
Elle couvre de son égide
Tous ses fideles Montagnards.

Par GAMAS.

F f 3

Nᵒ. 201. — HYMNE POPULAIRE,
par le Cit. MOLINE.

Air : *Veillons au salut de l'Empire.*

Un citoyen.

SUR les débris du diadême
Et du trône sanglant des rois,
Le peuple vers l'Etre suprême
En ces lieux éleve sa voix.
Liberté, Liberté! tout doit céder à ta
   puissance !
Heureux par toi, nous chantons dans ce
   jour tes bienfaits.
    La valeur & l'indépendance
    Sont le partage des Français.   *bis.*

Les peres & les enfans.

EN VAIN l'Europe réunie
Contre nous arme les tyrans :
Devant l'autel de la patrie
Le ciel écoute nos sermens.
Liberté, Liberté! que ton regne a pour
   nous de charmes !
Heureux par toi, nous vaincrons nos
   cruels ennemis.
    Jurons de ne poser les armes
    Qu'après les avoir tous détruits.

Les jeunes filles.

PARTISANS de la tyrannie,
Ne souillez plus ce beau séjour !

Les défenfeurs de la patrie
Sont feuls dignes de notre amour.
Liberté, Liberté! tu fais triompher des
  defpotes :
Agens de Pitt, courez tous lâchement le
  fervir !
    Ce n'eft qu'aux braves fans-culottes
    Que nous brûlons de nous unir.

Les meres de famille.

APRÈS avoir purgé la terre
Des fatellites des tyrans,
Un fils revenu chez fon pere
Sera l'appui de fes vieux ans.
Liberté, Liberté ! tu fais triompher la
  nature :
Heureux enfant ! dans les bras de ton pere
  adoré,
    Ton ame généreufe & pure
    Lui rendra ce devoir facré.

Tous les citoyens enfemble.

RASSEMBLÉS fur cette montagne,
Au bruit éclatant de l'airain,
Nous chantons la vertu, compagne
D'un peuple augufte & fouverain.
Liberté, Liberté ! pendant cette fête civique,
Nos chants guerriers perceront jufqu'aux
  voûtes du ciel !
    En célébrant la République,
    Rendons hommage à l'Éternel.

F f 4

N°. 202. — STANCES PATRIOTIQUES
SUR L'EXISTENCE DE DIEU.

Air : *Avec les jeux dans le village.*

Amis, loin de nous la tristesse ;
Livrons-nous à de saints concerts ;
Et, remplis d'une douce ivresse,
Chantons le dieu de l'univers.
Témoin d'une ardeur aussi pure,
Fuis de ces lieux, antique erreur ;
Et toi, bienfaisante nature,
Célebre avec nous ton auteur !

Jadis, au regne des chimeres,
En étole, un simple mortel,
Par son encens & ses prieres,
Croyoit honorer l'Éternel :
Mais aujourd'hui, vers le grand Etre,
Quand nous élevons nos accens,
Nous avons notre cœur pour prêtre,
Et nos vertus pour seul encens.

Toi, qui refuses ton hommage
A la suprême majesté,
Daigne dissiper le nuage
Qui nous cache la vérité.
Dis-nous si la nature entiere
Est l'effet d'un concours fortuit ;
Dis-nous quelle aveugle matiere
Créa ton cœur & ton esprit ?

Dis quelle foible créature
Chaque an féconde les moissons,
Couvre la terre de verdure,

Et regle le cours des saisons ?
Contre la divine puissance
Vainement tu lances des traits :
Comment nier son existence,
Quand nous éprouvons ses bienfaits !

ETRE suprême, à son aurore
Protege notre liberté ;
Que son flambeau, plus vif encore,
Brille sur la postérité !
Que ta main brise les couronnes
Des tyrans armés contre nous ;
Et, du faîte altier de leurs trônes,
Fais-les tomber tous sous nos coups.

Par le Cit. Pierre-Alexandre MAHIEU.

Nº. 203. — *COUPLETS pour la Fête Au Genre humain.*

Air de *la Fête des bonnes-gens.*

TROP long-temps par nos peres
Dès l'enfance épouvantés,
D'incroyables mysteres
En France furent fêtés :
Enfin du Muphty du Tibre
Les décrets sont abattus...
Les fêtes d'un peuple libre
Ne sont que pour les vertus.

A l'architecte auguste
Qui fit la Terre & les Cieux,
Le Français libre & juste
Adressa ses premiers vœux.

F f f

Le Créateur eut l'hommage
D'un peuple républicain ,
Qui, pour honorer l'ouvrage ,
Fête auffi le *Genre humain.*

  RÉUNION de freres ,
Qui, tous libres , tous égaux,
  Sur les deux hémifpheres
Sont livrés à des bourreaux :
Genre humain, je te falue....
Puiffe, par-tout , à la fois,
La tyrannie abattue ,
T'ôter le fléau des rois !

  D'UN peuple ami des hommes
Entends le cri généreux.
  Te voir ce que nous fommes
Eft l'objet de tous fes vœux.
Il a brifé fes entraves,
En répétant ce refrain :
Guerre aux tyrans , aux efclaves ?
Paix, refpect au *Genre humain* !

  IL veut purger la terre
Des monftres dévaftateurs
  Dont la foif fanguinaire
Buvoit ton fang & tes pleurs.
Il a dévoué fa vie....
Mais le vrai républicain
Voit, dans ce qu'il facrifie,
Le bonheur du *Genre humain.*

  QUAND il vole à la gloire,
Il eft ardent, courageux ;
  Mais, après la victoire,
Bon, fenfible & généreux.

Des vainqueurs toujours victime,
Aux vaincus il tend la main......
C'est que ce peuple sublime
Est l'ami du *Genre humain.*

Vois ce monstre exécrable
Qui domine un vil sénat !
Dont la bouche coupable
Ne prêche qu'assassinats !
Guerre à mort au peuple atroce
Que conduit cet assassin !
Pitt, & ce troupeau féroce,
Sont l'horreur du *Genre humain.*

Tombent tous les despotes,
Sous leurs trônes écrasés !
Que par les Sans-culottes
Sur la pierre ils soient brisés!
Tombe la derniere tête
De ce cortege assassin !
Ce grand jour sera la fête,
La fête du *Genre humain.*

Par le Cit. Aristide VALCOURT.

Nº. 204. — HYMNE au Peuple Français, *pour la fête décrétée par la Convention nationale.*

Air : *Aussitôt que la lumiere.*

O toi que mon cœur adore,
Liberté, fille du ciel !
C'est toi qu'aujourd'hui j'implore,

E e e

Don sacré de l'Éternel !
Sois ma Minerve & mon guide,
Viens animer mes essais !
Ma muse foible & timide
Chante le peuple Français.

PEUPLE libre & fait pour l'être !
Peuple, l'effroi des tyrans !
Tu parois !.., & du salpêtre
Les effets font moins puissants.
Trente siecles d'esclavage
Pesoient sur tout l'univers :
Tu voulus ; & ton courage
A l'instant brisa tes fers.

DE ces bastilles affreuses,
Dont le nom glaçoit d'effroi,
Les murailles ténébreuses
S'écroulerent devant toi.
Tu parus ; & l'innocence,
Qu'opprimoit le crime heureux,
Pour recouvrer l'existence,
Revit la clarté des cieux.

UN monstre souillé de crimes
Gouvernoit encor l'état,
Et, pour frapper ses victimes,
Méditoit l'assassinat :
Capet de la France entiere
Compromettoit le salut....
Tu levas ta tête altiere,
Et le tyran disparut.

POUR nous rendre au royalisme,
Prenant des chemins plus sûrs,
L'hydre du fédéralisme
Sortit de ses joncs impurs;
Pitt, Rome, Vienne & l'Espagne
Croyoient voir combler leurs vœux;
Mais tu vins! & la MONTAGNE
Écrasa ce monstre affreux.

TU brisas le sceptre antique
Que le despote inventa;
Tu voulus la République,
La République exista.
La tyrannie attentive
Tenta de nouveaux forfaits;
Mais ta surveillance active
Déjoua ses noirs projets.

D'UN côté le fanatisme
Vint ensanglanter nos murs;
Et de l'autre, l'athéisme
Broya ses poisons obscurs.
Leur projet étoit le même:
Mais ta sagesse à la fois
Proclama l'Être suprême,
Frappa les amis des rois.

QUE pourroient contre la France
Les tyrans coalisés!
Un jour!... & ce jour s'avance,
Leurs sceptres seront brisés;
Les rois & le dieu du Tibre

Seront profcrits pour jamais ;
Et par-tout le Peuple libre
En rendra grâce aux Français.

Par le Cit. Ariftide VALCOURT.

N°. 205. — LES CANONS, *ou* LA RÉ-
PONSE AU SALPETRE, *Chanfon patriotique, par le Cit.* COUPIGNY , *mu-
fique du Cit.* DALAYRAC.

AMIS , vos vers & vos chanfons
Du falpétre ont chanté la gloire :
Mais vous oubliez les canons ,
Si chers au dieu de la victoire.
Honneur donc au falpêtrier !
A fon art nous devons la poudre.
Honneur encore au canonnier ,
Dont la main dirige la foudre !

CANONS , vous étiez autrefois
(Mais depuis a changé la mode)
La raifon derniere des rois ;
Pour eux feuls elle étoit commode.
Elle fut long-temps leur appui :
Mais un ordre nouveau s'apprête ;
Et les rois perdent aujourd'hui ,
L'un fa raifon , l'autre fa tête.

DE ces fléaux des nations
Que nos mains renverfent l'image ;
Que le feu transforme en canons
Les monuments de l'efclavage !
A la fonte envoyez ces rois ,

Coulez-en une batterie :
Amis , pour la premiere fois
Ils auront fervi la patrie.

N°. 206. — A L'ÉGALITÉ , *Hymne.*

O fille de l'Être fuprême,
Aimante & douce Égalité ,
Des attentats du diadême
Viens confoler l'humanité !
Sœur de la Liberté, que tout ce qui refpire,
Heureux par tes bienfaits ,
Ainfi que le Français ,
Reconnoiffe , chériffe , adore ton empire !

PAR les defpotes exilée ,
Tu laiffois l'Univers en pleurs ;
Par la France enfin rappelée ,
Tu mis un terme à fes malheurs.
Sœur , &c.

LE vice , fous le defpotifme ,
Nous tenoit courbés , abattus ;
Au faint feu du patriotifme
Rallume en nos cœurs les vertus !
Sœur , &c.

Aux goûts fimples de la nature
Ramene nos affections ;
Que notre plus belle parure
Soit nos plus belles actions !
Sœur , &c.

SOUS l'heureufe démocratie,
Chef-d'œuvre des Gouvernements ,

N'appelle à servir la Patrie
Que les vertus & les talents !
Sœur, &c.

BRISE les armes meurtrieres
Qu'aiguise un courage inhumain,
Fais vivre comme de bons freres
La famille du genre humain !
Sœur, &c.

POURSUIS sans pitié, sans relâche,
L'infracteur de tes saintes Lois ;
Frappe le Français assez lâche
Pour regretter encor les rois !
Sœur, &c.

Par le Cit. MALINGRE *, Sécrétaire-Commis
au Comité d'Instruction publique.*

N°. 207. — *Une Républicaine à son mari, qui lui demande si elle nourrira son fils. —* ROMANCE.

Air : Mon petit cœur à chaque instant soupire.

AH ! mon ami, veux-tu me faire injure ?
Un tel soupçon sied-il à mon époux ?
Moi, mépriser la voix de la Nature !
Moi, des devoirs négliger le plus doux !
Je remplirai ma tâche toute entiere ;
Toujours mon fils restera dans mes bras ;
Et je croirois n'être qu'à moitié mere,
Si, près de toi, je ne l'allaitois pas.

Vois cet enfant !... il m'a coûté des larmes;
Mais il respire, & je ne souffre plus.
Long-temps encore, objet de mes alarmes,
Il devra tout à mes soins assidus.
J'aurai, pour prix de mon amour sincere,
Son doux regard & son premier souris ;
Est-il de maux que n'oublie une mere,
En recueillant les baisers de son fils ?

FEMME à grands airs, dont la molle foiblesse
N'a, dans l'hymen, cherché que le plaisir,
Qui, loin de vous, exilez sans tendresse
Le foible enfant que vous deviez nourrir,
Ah ! redoutez la nature sévere ;
Elle punit tôt ou tard vos mépris.
Vous n'êtes pas aujourd'hui bonne mere ;
Vous plaindrez-vous d'avoir un mauvais fils ?

DÈS sa naissance oublié par sa mere,
Combien de fois l'enfant infortuné
Suce à longs traits, sur un sein mercénaire,
Avec le vice un lait empoisonné !
Nourri par celle à qui tu dois la vie,
Mon fils, ton cœur seroit-il corrompu ?
Avec le lait d'une mere chérie,
Tu suceras l'amour de la vertu.

QUAND tu pourras seulement faire entendre,
Non sans efforts, un mot articulé,
Les premiers noms que je te veux apprendre,
Sont : *Liberté, Patrie, Égalité.*
Un jour, pour moi, quelle gloire suprême !
Si tu réponds à mes soins assidus.
Oui, je dirai : je l'ai nourri moi-même ;
Il me doit tout, la vie & ses vertus.

Par le Cit. LEPITRE.

N°. 208. — CANTATE *Patriotique,* en *l'honneur de l'unité de la République.*

Sur l'air de la Chasse de la Garde : *Eh quoi ! tout sommeille, &c.*

EN VAIN l'on conspire,
Et l'on veut détruire
  La liberté,
La sainte égalité :
Unité chérie,
Par toi, la Patrie
  Triomphera,
Et bientôt fleurira.

Un chœur de jeunes Républicains & Républi- caines répete :

En vain l'on conspire, &c.

Une voix seule.

LE royalisme,
Le fédéralisme
Et le faux civisme
Tremblent devant nous.
De la République,
Cette infame clique
Redoutant les coups,
Tombe à ses genoux.

Le Chœur.

En vain l'on conspire, &c.

Une voix seule.

TYRANS orgueilleux,
Votre trépas sonne,
La Liberté tonne;
Brûlant de ses feux,
Sans quartier, les Français
Taillent Germains, Anglais;
Ils font toujours prêts.
Qu'elle a d'attraits!

Le Chœur.

En vain l'on conspire, &c.

Une voix seule.

JURONS d'exterminer la ligue & ses sup-
pôts;
Tirons vengeance
De leurs noirs complots.
Ce n'est qu'après leur chûte, & que sur
leurs tombeaux,
Qu'il faut, ô France!
Ployer tes drapeaux.
Alors, des jours plus beaux
Pour toi prendront naissance;
Et le peuple vainqueur
Enfin jouira du bonheur.

Le Chœur.

Jurons d'exterminer, &c.

*Répéter seulement les six premiers vers, & le
Chœur reprend:*

En vain l'on conspire, &c.

N°. 209. — COUPLETS *chantés le premier décadi de messidor, au temple de la
Raison à Grenoble.*

Sur l'air : Pour un Peuple aimable & sensible.

Ou sur celui : Un soldat, par un coup funeste, &c.
de la Bataille d'Ivry.

FRANÇAIS, volez à la victoire ;
Combattez pour la liberté.
La liberté mene à la gloire,
La gloire à l'immortalité.
Une horde impie
A vos armes s'oppose en vain ;
Le doux espoir de la patrie,
C'est d'affranchir le genre humain.   bis.

DÉJA dans nos ports la marine
Etale les dons de Plutus ;
L'honorable . . . Pitt . . . se chagrine
De voir ses efforts superflus.
Trop fiere Angleterre !
Apprends que, libre & souverain,
Le Français, sur mer comme sur terre,
Veut affranchir le genre humain.   bis.

AU nom sacré de la patrie,
Se leve un peuple de guerriers ;
Déjà l'Espagne & l'Italie
Les ont vus couverts de lauriers.
Enivrés de gloire,
On vit succomber les Romains ;

Le Français n'use de la victoire
Que pour affranchir les humains.   *bis.*

O vous ! qui, pour la tyrannie
Cherchez la honte & le trépas,
Quelle audacieuse furie
Arme vos patricides bras ?
    Phalange cruelle ! . .
Contre nous tes efforts sont vains . . .
Français ! . . . . la liberté t'appelle,
Pour affranchir tous les humains.   *bis.*

Déja la prompte renommée
Proclame par-tout nos exploits ;
Déjà la Vistule étonnée,
Sur ses bords voit régner nos lois.
    Le Nord, les Ardennes
Retentissent du doux refrain :
Plus de tyran, brisons nos chaînes ;
Allons venger ie genre humain.   *bis.*

Par X. J. ** , *citoyen de Grenoble.*

POESIES DIVERSES.

LA BATAILLE DE FLEURUS. — *Strophes extraites d'une Ode républicaine, en stances irrégulieres, par C. F. Trouvé, l'un des rédacteurs du Moniteur.*

CHANTEZ, favoris des neuf Sœurs,
Voici le jour de la victoire !

Amants des Filles de Mémoire,
Chantez nos fiers triomphateurs !
Eveillez-vous, nouveaux Tyrtées ;
Que les accents de votre voix,
De nos phalanges indomptées
Portent jusques aux Cieux les superbes exploits !

Eh bien ! ils ont donc fui, ces insolents esclaves !
Leurs généraux si vains ont donc été vaincus !
Allez, tyrans, allez dans les champs de Fleurus ;
Vous verrez ce que peut le glaive de nos braves;
O champs trois fois heureux ! champs trois fois
    consacrés
    Par *les* succès de ma Patrie !
Que j'aime à voir les débris exécrés
Dont vient de vous joncher la plus sainte furie !
    Oui, je vous vois, champs de Fleurus,
Je vous entends crier : *Les tyrans sont vaincus.*

Je le savois bien, moi, que la loi salutaire
Qui prononça la mort de tout esclave Anglais,
    A nos Républicains Français
    Seroit utile autant que chere !
    Quand je disois : Point de quartier,
    Mon cœur jugeoit ceux de nos braves;
    Ils ont frappé dix mille esclaves,
    Et n'ont fait qu'un seul prisonnier !

ODE RÉVOLUTIONNAIRE.

Ils sont donc expirés, ces jours du despotisme,
Où les peuples, jouets des prêtes & des grands,

Inondoient de leurs pleurs l'autel du fanatifme,
De leur fang inondoient le trône des tyrans !

Que font-ils devenus, ces tyrans fanatiques ?
Quel bras a pu brifer ces trônes, ces autels ?
Qui peut avoir détruit ces préjugés antiques,
L'opprobre & la terreur des aveugles mortels ?

Qui ! la Raifon. En vain, aux flots de fa lumiere,
Cent fiecles de menfonge & de crédulité
Prétendoient oppofer leur honteufe barriere ;
Elle a lui : de fon fein jaillit la vérité.

Souvent les aquilons, précurfeurs de l'orage,
Du Dieu brillant du jour ont fait pâlir le front :
Mais l'a-t-on jamais vu, victime de leur rage,
De ténebres fans fin fubir l'indigne affront ?

O Raifon ! je t'entends : à tes accents fublimes
La liberté renaît, l'ignorance s'enfuit ;
La fuperftition, fille & mere des crimes,
Se plonge, en frémiffant, dans l'éternelle nuit.

Ministres impuiffants de tyrans fanguinaires,
Que peuvent contre nous vos efforts infenfés ?
La France brifera vos glaives mercenaires
Sur les corps palpitants de vos rois écrafés.

Sortez, fortez plutôt de votre longue ivreffe !
A nos bras fraternels que vos bras foient unis.
La liberté, voilà votre unique déeffe ;
Vos prêtres, vos tyrans, voilà vos ennemis.

Peuples, ne formons plus qu'une feule patrie !
Marchons ! Mais quel fpectacle a frappé mes regards:

Je te vois, je t'entends, divinité chérie :
Liberté ! nous volons sous tes saints étendards !

RÉVEILLEZ-VOUS enfin, & saisissez vos armes,
Esclaves qui rampez sur ce vaste univers :
Sa généreuse main saura tarir vos larmes,
Son bras victorieux saura briser vos fers !

MAIS quel fracas soudain ! par-tout gronde la
　　foudre,
Sur l'aîle de la mort elle vole en tous lieux :
Les autels sont brisés, les trônes sont en poudre,
Les tyrans sont détruits, & le monde est heureux !

LA douce Egalité regne enfin sur la terre :
Elle parle ; il n'est plus d'opulence & de rangs ;
Et le peuple, soumis à sa loi salutaire,
Foule, à ses pieds vainqueurs, les riches & les
　　grands.

TEL jadis, couronné de fastueux portiques,
L'Etna, pompeusement, sur son front glorieux
Etaloit & les monts & les rochers antiques,
Dont la tête superbe osoit braver les cieux ;

TANDIS que sous ses pieds tapissés de verdure,
Rampoient timidement le modeste vallon,
Et le roseau fragile, & la cabane obscure,
Jouets infortunés du farouche aquilon.

SOUDAIN l'air s'obscurcit ; la terre tremble &
　　gronde,
Et de son sein vomit, vers le ciel embrasé,
Un océan de feux, qui roule sur son onde
De l'orgueilleux Etna le front pulvérisé.

LE bruit cesse ; la nuit fait place à la lumiere.
Dominant à son tour les monts déracinés ,
L'humble vallon s'élève , & l'obscure chaumiere
Plane sur les débris des palais calcinés.

Par le Cit. THEVENEAU , *employé à la
Commission du Commerce & des Appro-
visionnemens.*

QUATRAIN.

AU temps jadis , pour la victoire ;
On ne chantoit qu'un *Te Deum* :
Amis , dans mon nouveau grimoire ,
J'ajoute , moi , *Te Populum !*

Par le Cit. VIGUIER , *de la Section des
Sans-Culottes , à Paris.*

INVOCATION A LA LIBERTÉ.

O TOI , qui es bienfaisante & belle
comme la Nature , aimable & généreuse
comme la Vertu , fiere & audacieuse comme le Génie , forte comme le mouve-
ment du monde !

Ressort puissant qui rappelles l'homme
à sa dignité premiere , qui donnes de
l'élévation à l'ame , de la grandeur à la
pensée , un élan nouveau au talent , de
l'énergie à toutes les passions nobles !

Semence féconde , qui multiplies les productions des arts , les reſſources de l'induſtrie , les mouvements du commerce , & crées des développements nouveaux dans la ſociété , que tu agrandis & fertiliſes !

Lien ſacré , qui réunis tous les citoyens ſous les auſpices d'une mere commune , dans l'intimité d'une bienveillance fraternelle ; & leur fais trouver par-tout les plaiſirs du ſentiment & des jouiſſances de famille !

Influence magique , qui transformes les ſujets en hommes , les hommes en citoyens , les citoyens en freres , les freres en ſoldats , les ſoldats en héros , & les peuples en armées !

Toi qui rallumes dans le cœur de la vieilleſſe les reſtes preſque éteints de ſa chaleur premiere ; qui animes la foible adoleſcence par des forces ſurnaturelles , & inſpires à la timidité une confiance inconnue !

Beſoin impétueux , qui te nourris de ta propre activité , jouis de tes privations , te plais dans les dangers , & braves les ſupplices !

Force irréſiſtible , qui réduis les trônes en poudre , places les rois ſur l'échafaud , prépares les peuples à de hautes

deftinées, & qui, dans ta marche rapi-
de, tenant la faulx qui détruit & le flambeau qui régénere, renverfes les oppref-
feurs & éleves les opprimés, déforganifes
la tyrannie, fondes l'édifice de l'Égalité, &
ne te repofes que lorfque, placée fous
la garde des lois, tu lui as concilié les
refpects de tous!

Toi, vers qui vingt peuples mal-
heureux élevent des mains trop foibles encore pour rompre leurs chaînes, des yeux trop obfcurcis pour
te bien connoître, & qui cependant ne fe
confolent de leur infortune préfente que
par l'efpoir de ta jouiffance future!

Toi, dont l'image confolatrice def-
cend dans les prifons pour adoucir
le fort de ceux qui fouffrent pour toi;
qui répandis quelques douceurs fur les
derniers inftants de Sidney, conduit par
un tyran fur l'échafaud, & de Marat,
mourant fous le poignard d'un royalifte!

Toi, que le fauvage adore dans les
déferts, & qui préferes le culte informe
& groffier qu'il te rend, aux chaines
polies des efclaves civilifés : CÉLESTE
LIBERTÉ, defcends dans nos camps au
milieu de nos légions, & combats avec
elles pour ta caufe; defcends dans nos
campagnes pour charmer les travaux

du laboureur ; fecondes , par ta préfence,
& colores de ton prifme les fillons abreu-
vés de fes fueurs ! defcends dans nos
villes , & combats avec nous la licence
qui t'outrage , l'anarchie qui te détruit ,
le royalifme conjuré contre toi ; fais
que ces ennemis de ton culte , immolés
ou enchaînés aux pieds de tes autels,
ornent les triomphes que les Français
te préparent ; infpires-nous toujours ,
ô LIBERTÉ ! cette audace qui répand la
terreur , cette fageffe qui affure les fuc-
cès , ces vertus qui commandent le refpect , cet efprit d'union qui forme la
puiffance , cette fraternité qui donne le
bonheur ; & fi jamais tu viens à nous
abandonner , exauces du moins notre ex-
trême priere ; préferves nos montagnes
des invafions de la tyrannie , & fais que
ces climats glacés foient le dernier afile
de tes derniers enfants. Du haut de ces
terres efcarpées , nous ferons retentir
dans toute la France ces accents mâles
que tu nous as appris à former , & qui ,
femblables au tonnerre qui part de ces
régions , glaceront les confpirateurs d'effroi , & feront agiter leurs chaînes aux
efclaves. Errants dans ces folitudes , nous
nous plairons à t'élever des autels fur
les rochers les plus inacceffibles , à

graver fur leurs flancs tes lois faintes ; & dans un temple formé par la nature, dans l'anfractuofité des montagnes, fauvages adorateurs de ton culte, nous entonnerons tes hymnes, en élevant vers toi des cœurs purs & des mains libres ; & lorfque notre heure fuprême arrivera, nos derniers regards feront dirigés vers toi, & nos derniers vœux pour ton triomphe. Là poftérité qui vifitera ces lieux dépofitaires de nos dépouilles, y trouvera de grands fouvenirs & des fublimes leçons. Elle dira : « C'eft » ici que les derniers des Français pré- » férerent de vivre parmi les bêtes féro- « ces, plutôt que de vivre avec les Rois.

Par Ant. FRANÇAIS. (1).

(1) Le citoyen FRANÇAIS a compofé des INVOCATIONS du même genre pour la *fête à l'Etre fuprême* célébrée à Grenoble le 20 prairial. Ces *Invocations* font analogues aux principaux groupes qui caractérifoient, d'une maniere fi intéreffante, cette belle fête ; favoir, au *Peuple Français*, aux *Martyrs de la Liberté*, à *l'Amour de la Patrie*, à la *Haine des tyrans & des traîtres*, au *Courage*, à *l'Amour*, à la *Tendreffe maternelle*, à la *Piété filiale*, à *l'Enfance*, à la *Jeuneffe*, à la *Vieilleffe*, au *Malheur*, à *l'Agriculture*, à *l'Induftrie*,

G g 3

& au *Bonheur*. — Elles font imprimées chez V^e. Giroud & fils , libraire à Grenoble ; prix , 5 fous.

EXTRAIT du RECUEIL des Actions héroïques & civiques des Républicains Français , &c.

11 *Novembre* 1791 (*v. ft.*) — Lors de l'exécrable affaire de Nancy , vingt - deux foldats du régiment de Château-Vieux font condamnés à expier dans les fupplices l'honorable réfiftance qu'ils avoient voulu oppofer aux deffeins perfides de Bouillé. Ces infortunées victimes du royalifme marchoient à leur derniere heure à travers une rue étroite ; l'un d'eux profite d'un moment de preffe , & fe gliffe furtivement dans une allée; (cette allée conduifoit au logement de celle qu'il aimoit). — Les vingt - une victimes reçoivent le coup mortel ; on cherche de toutes parts celle qui manquoit à ce maffacre. Toutes les maifons de la ville font vifitées ; & les bourreaux , fatigués de perquifitions inutiles , gémiffent en penfant qu'un infortuné s'eft fouftrait à à leur rage. — Au fond d'un grenier dif-

posé pour recevoir des magasins de toile, est
un réduit obscur & secret : c'est là que la
jeune Elise a caché Philippe ; c'est là qu'elle
l'a mis à l'abri de la rage de Bouillé ; c'est
là qu'elle le nourrit pendant trois mois à
l'insu de ses parents mêmes, qui habitoient
la même maison. — La nouvelle du car-
nage de Nancy & de l'horrible exécution
des Suisses, s'étoit promptement répandue
dans tous les cantons ; elle y avoit porté
la désolation dans toutes les familles des
infortunés soldats de Château-Vieux. Le
pere de l'un d'eux, un riche fermier des
environs de Basle, ne recevant plus des
nouvelles de son fils, entreprend le voyage
de Nancy. Il entre en frémissant dans cette
ville désolée ; il interroge tous ceux qu'il
rencontre, & il craint leur réponse. Tous
partagent ses peines ; personne ne peut
l'instruire ; enfin il découvre un soldat du
régiment, qui lui dit : « Ton fils, bon
» vieillard, n'a point péri avec nos infor-
» tunés camarades ; j'ignore son sort, mais
» il alloit souvent dans une maison, ici
» près, je te l'indiquerai. Rassure-toi, peut-
» être sauras-tu là ce qu'est devenu ton
» Philippe ». Le pere court à la maison

indiquée ; la fille du logis fe préfente à lui :
— » Qu'eft devenu Philippe ?........ » Crai-
gnant de trahir fon amant, la jeune fille
affure qu'elle ne peut l'en inftruire ; cependant elle invite le vieillard à fe repofer un
moment ; (fes parents étoient hors du logis).
Le vieillard éploré, lui parle de fa famille,
du nombre de fes enfans, de la profeffion
de chacun d'entr'eux ; il lui parle fur-tout
de Philippe ; il lui raconte mille petits dé-
tails qu'elle a entendus elle-même plufieurs
fois de la bouche de Philippe. Avec quel
intérêt elle l'écoute !........., avec quelle
attention fes yeux fixés fur les levres de
l'étranger, en fuivent les mouvements ra-
pides !... Vingt fois la fenfibilité entr'ouvre
fa bouche pour raffurer un pere éploré......
& chaque fois l'amour, que tout alarme,
arrête fes paroles prêtes à s'échapper :
cependant elle confole le vieillard ; & fans
compromettre la fureté de ce qu'elle aime,
elle laiffe pénétrer dans le cœur d'un pere
quelques rayons d'efpérance ; elle lui promet
de faire elle-même des recherches, & l'invite à repaffer dans une heure. — A peine
il eft forti, qu'Elife vole au grenier : elle
dépeint à fon ami la taille, la figure, l'âge

de l'étranger ; elle lui raconte mot pour
mot tout ce qu'il lui a raconté. « Ah ! c'eſt
» mon pere .... Pourquoi as-tu différé
» le bonheur que j'aurai de le voir ? Va,
» cours au-devant de lui». — Le bon Suiſſe
dévance l'heure qui lui avoit été aſſignée ;
il eſt déjà de retour...... Eliſe le conduit à
l'aſyle de ſon fils ; ils ſont dans les bras
l'un de l'autre : auſſitôt les yeux baignés
des douces larmes de la tendreſſe paternelle
& de la reconnoiſſance, le bon pere prend
la main d'Eliſe & la place dans celle de
ſon fils. « Mes enfans, mes bons enfans,
» que le ciel béniſſe votre union ; ſoyez
» l'appui de ma vieilleſſe »! Les parents
d'Eliſe ſont inſtruits du dépôt qu'elle avoit
gardé avec tant de diſcrétion ; ils conſentent
ſon mariage avec Philippe : peu de jours
après, ce couple vertueux s'échappe, à la
faveur de la nuit, d'une ville où les bourreaux de Château - Vieux étoient encore
tout-puiſſants.

29 mars 1792 (v. ſt.) — Un laboureur de
Brives, robuſte, & d'une taille avanta-
geuſe, ayant vu avec quelle ardeur toute
la jeuneſſe du canton s'enrôloit ſous les
drapeaux de la liberté, dit en ſortant de

l'assemblée : *je voudrois bien aussi servir la Patrie; mais qui prendroit soin de ma femme & de mes enfants ?* « Moi , s'écrie » un vieillard : pars ». En même temps il dépose une somme suffisante pour assurer aux enfants du cultivateur leur entretien pendant trois ans.

15 *septembre* 1792 (*v. st.*). — Parmi les dons patriotiques qui se multiplient chaque jour, on remarque celui d'un écolier âgé de onze ans, qui déposa sur le bureau de la Convention 18 livres en numéraire, & celui d'un jeune homme de quatorze ans, qui dit à la barre : « Législateurs , tout ce » que j'ai , est à ma patrie ; je suis trop » jeune pour la servir de mes forces, mais » je lui offre 100 livres , fruit de mes » épargnes. Je les donne avec bien du plai- » sir pour les frais de la guerre ».

20 *octobre* 1792 (*v. st.*). Au siege de Spire, pendant que la canonnade duroit encore, Lutau , aide-de-camp Français , après avoir donné le premier coup de hache dans la porte, entre dans la ville pour reconnoître les dispositions de l'ennemi. Aussitôt il est entouré , & on lui crie : *prisonnier, prisonnier,*

« Comment, j... f..., répond Lutau,
» un aide-de-camp Français prifonnier! Non,
» jamais ». Il pique des deux, leve fon
fabre, & fend le crâne à un officier Mayen-
çais qui lui avoit donné un coup d'épée
dans le côté; il s'élance en même temps
fur les ennemis, en renverfe plufieurs,
échappe à la fureur des autres, revient
vers les fiens à travers une grêle de balles
qui bleffent fon cheval & percent fes
habits. — — — L'armée le furnomma le
Héros de Spire.

TABLE DU XVe. CAHIER.

N^{os}.   Pages.

Avis du Libraire, concernant cette Collection,
   pour annoncer principalement, que les quinze
   cahiers réunis formeront le premier volume
   à 5 liv. 10 f. broché, &c. &c.   506.

Autre Avis pour annoncer une Invocation
   à la Liberté, contenue dans le préfent
   cahier, & compofée par le cit. Français, Ibid.

199. *Couplets* fur la victoire de Fleurus,
     (air : Allons, enfans, &c.), 507.

200. *Couplets* fur la même victoire (air :
    des Montagnards),   508.

| N°. | TABLE. | Pages. |

201. *Hymne populaire* (air : Veillons au salut de l'Empire), 510.

202. *Stances patriotiques sur l'existence de Dieu*, (air : Avec les jeux dans le village), 512.

203. *Couplets pour la fête au genre humain*, (air de la fête des bonnes gens), 513.

204. *Hymne au Peuple Français, pour la fête décrétée par la Convention nationale* (air : Aussitôt que la lumiere), 515.

205. Les Canons, ou la Reponse au Salpêtre (*Chanson*), 518.

206. A l'Egalité, (*Hymne*), 519.

207. Romance. — *Une républicaine à son mari, qui lui demande si elle nourrira son fils*, 520.

208. *Cantate patriotique*, en l'honneur de l'unité de la République (air : Eh ! quoi, tout sommeille), 522.

209. Français, volez à la victoire, &c. (*Couplets chantés à Grenoble, au Temple, le 1er. decadi de Messidor, sur l'air : Un soldat, par un coup funeste*), 524.

Poesies diverses. — *La bataille de Fleurus*, (*Strophes*). — *Ode révolutionnaire*. — *Quatrain*, 525 & suiv.

Invocation a la Liberté, *par le cit. Français*, 529.

Actions héroïques & civiques, &c. 514.

FIN du 1er. Volume.